小学生心灵成长系列

好习惯成就未来

曹飞飞 主编

知识出版社
Knowledge Publishing House

图书在版编目（CIP）数据

好习惯成就未来 / 曹飞飞主编. -- 北京：知识出
版社，2018.5

（小学生心灵成长系列）

ISBN 978-7-5015-9747-5

Ⅰ．①好… Ⅱ．①曹… Ⅲ．①品德教育—小学—课外
读物 Ⅳ．①G624.153

中国版本图书馆CIP数据核字（2018）第100069号

好习惯成就未来　曹飞飞 主编

出 版 人	姜钦云	
责任编辑	周　玄　张　慧	
策划编辑	毛泳洁　陈佳宁	
装帧设计	罗俊南　孙　阳	
出版发行	知识出版社	
地　　址	北京市西城区阜成门北大街17号	
邮　　编	100037	
电　　话	010-88390659	
印　　刷	天津顾彩印刷有限公司	
开　　本	880 mm×1230 mm　1/32	
印　　张	3.5	
字　　数	67千字	
版　　次	2018年5月第1版	
印　　次	2020年10月第3次印刷	
书　　号	ISBN 978-7-5015-9747-5	
定　　价	20.00元	

前　言

　　成长是孩子们必经的一段旅程，在这段旅程里他们要经过一帧帧不同的风景，打开一扇扇神奇的大门，探索这个世界的奥妙与神奇。在这个过程中，家长并不能时时刻刻陪伴在孩子身边，在孩子的认知与这个世界发生碰撞的时候，他们也许无法及时替孩子答疑解惑，但压在孩子心里的困惑和烦恼亟待解决。

　　因此，我们编著了"小学生心灵成长系列"丛书。

　　"小学生心灵成长系列"丛书共十册，分为十个主题。这十个主题以提高孩子的情商和德商为出发点，涉及孩子在成长过程中可能遇到的自卑、骄傲、敏感等一系列问题。我们的目的是通过书中的指引，让孩子在阅读的过程中不断主动思考，进而找到问题的答案，解决孩子的烦恼。我们希望孩子们在阅读这套书的时候，除了感受读书的乐趣，还能在以下几个方面获得成长的启迪。

　　小故事。故事是世界的镜子，反映出世界的多种面貌。故事中有幸福也有苦难，有欢笑也有眼泪，更有做人的基本准则。我们在编写故事时，特意选取了许多经典小故事，让孩子在阅读时不仅不会产生抵触，而且还能得到温暖和力量，解决自己的烦恼。

大道理。道理并不都是生硬、冰冷的，它也可以是寒冷时候的一杯热茶、炎热天气里的一缕清风。我们在爬过成长这座大山时，总结了一些经验，而这些经验恰好可以帮助孩子少走弯路，做更好的自己。所以我们在每篇结尾设置了"成长心语"的环节，结合故事来告诉孩子一些成长中的道理，启迪智慧。

新愿景。把阅读变成有效的成长方式，是我们编写这套书的最初愿望。这套书里有名人名言，有经典故事，也有深层次的道理，这些都是有出处和典故的。我们希望孩子不仅仅是阅读故事，还希望他们能了解故事发生时的历史文化和时代背景，对故事能产生更浓厚的兴趣，继而自己动手去翻阅资料查找内容，自主开拓阅读视野，开辟更多获取知识的路径。

"小学生心灵成长系列"丛书便是这样一套有意义的书。希望孩子在阅读这些充满正能量的故事后，能够真正滋润心灵，提高自身的能力，逐步成长为一个了不起的人。

编 者

2018.4

目录
Contents

坚持做你自己

　　人们可以支配自己的命运，若我们受制于人，那错不在命运，而在我们自己。

—— 莎士比亚

　　加利从学校回来的时候很沮丧，父亲问他怎么了，他对父亲说："下午的时候，我和里奥他们在操场上踢球，结果不小心，球砸到了从操场边经过的维奇。我走上去向维奇道歉，还问他有没有被砸伤。"

　　"你这样做一点也没错。"父亲点点头，"后来又发生什么事情了吗？"

　　"是的。"加利继续讲述，"学校里的很多同学都很不喜欢维奇，因为他总是脏兮兮的，身上的衣服永远不合身。就像今天，他穿了一件很大的衣服，看起来好像是他父亲的，大家都嘲笑他，还给他起了个

好习惯成就未来

绰号叫'小丑'。"

"这可真是一件糟糕的事情。"父亲脸上露出遗憾的表情，然后听加利继续说下去。

"因为我向维奇道了歉，所以里奥他们很不高兴，还说我是'向小丑道歉的懦夫'，我和他们辩解，他们也不肯听，后来就不愿意和我一起踢球了。"

讲完所有的事情，加利难过地耷拉下了肩膀。父亲想了想，然后给加利讲了一个故事。

联合国的第七任秘书长科菲·安南是一个黑人，他出生在非洲的一个部落酋长家庭，父亲掌管着部落的事业，每天都很忙碌。

有一次，安南去看父亲，父亲刚好在办公室里查账。父亲看着账本，发现了一处疑问，就让外面的工作人员进来。不巧的是，那位工作人员正好在抽烟，听到召唤，他已经来不及把烟按灭，但是又不想让上司不高兴，情急之下，这位工作人员把还在燃烧的烟塞进了自己的口袋里。

很快，在旁边玩耍的安南发现了异常，那个工作人员站在那里，口袋却一直在冒烟，慢慢地，连他的裤子都被烧出了洞，他的脸上也露出焦急万分的神情。可是安南的父亲还在不紧不慢地询问账册上的问题，好像完全没有察觉一样。

安南很奇怪，他确信父亲已经发现了一切，却始终没有表现出来。直到最后问清楚了所有的问题，那个工作人员才狼狈地走出了办公室。

"你怎么能这样对待他！"安南忍不住质问父亲。

没想到父亲却心平气和地对安南说："我并没有让他把烟头放进裤袋里，桌上有烟灰缸，他可以继续抽，也可以到门外把烟头扔掉，但他自己选择了把烟头藏进口袋里。每个人都应该有自己的尊严，你并不比任何人卑微，哪怕一点点。"

父亲的教导对安南一生的影响都很大，让他在此后的人生岁月里，始终坚持做自己，从不向强权低头，为世界的和平做出了很大的贡献。

"现在，你明白我的意思了吗？"父亲问加利。

"是的！我明白了！"加利挺起胸膛，"我没有错，错的是里奥他们，所以我要坚持做自己。"

好习惯成就未来

成长·心语

只要是对的事情，哪怕受到别人的非议和指责，我们也要坚持下去。只有始终坚持做自己，才能找到属于自己的人生价值。

爱提问的孩子更聪明

提出一个问题比解决一个问题更重要。

——爱因斯坦

伟大事件的诞生往往只是源自一个小小的疑问。

发明家詹姆斯·瓦特是英国人，第一台具有实用价值、带领人类进入"蒸汽时代"的蒸汽机便是他的发明成果。如果了解瓦特的家庭，人们很难理解一个出生于保守宗教家庭的孩子，长大后能发明出开启第一次工业革命的决定性工具。这跟瓦特童年的一次偶然的经历相关。

一天晚上，孝顺的瓦特打算为外祖母烧水泡茶。他守在火炉旁，等着茶壶里的水烧开。在等待的过程中，他发现水烧开后，蒸腾的白色气体会发出"噗噗"的声音，并且把茶壶盖一次次地顶开。爱思考、爱提

好习惯成就未来

问的瓦特觉得这个现象十分有趣，他甚至忘记了要给外祖母泡茶这回事，心里只想着："为什么水生成的蒸汽那么厉害，可以把金属制的茶壶盖给顶开呢？"因为心里藏着的这个疑问，他兴致勃勃地研究起来，一会儿把茶壶盖拿开，一会儿又把茶壶盖盖上，仔细观察着蒸汽的作用。当然，最后他得到的是外祖母的一顿训斥。但是，他也通过这件事对蒸汽的作用产生了好奇。

后来，瓦特向父母提问："为什么水生成的蒸汽那么厉害，可以顶开金属制成的盖子呢？"传统守旧的父母给出的是宗教性的解答。瓦特又向学校里的老师求教："为什么水生成的蒸汽那么厉害，可以顶开金属制成的盖子呢？"老师也不知道如何解答。

瓦特并没有就此放弃，因为这次偶然的发现与疑问，他对蒸汽产生了浓厚的兴趣，最后投身于对蒸汽机的研究，并且发明了具有实用价值的蒸汽机，为人们带来了蒸汽火车、蒸汽轮船，大大提高了工业生产的效率与人们的生活水平。为了纪念他的贡献，人们用瓦特的名字为物理学中功率的单位命名。

一个关于茶水壶的蒸汽作用的提问，促成了一位伟大科学家的诞生。如果瓦特平时没有思考和提问的习惯，那么他就不会对蒸汽的作用打破砂锅问到底，也不会投入大量精力和时间去研究。

　　良好的习惯，会给人带来机遇。爱提问的孩子，更容易形成聪明的头脑，也更容易获得伟大的成就。试想，如果牛顿不去思考为什么苹果会掉落在他头上，那科学界就不会有万有引力定律；如果富兰克林不对雷电产生兴趣，并且证明了电的存在，那世界也许要推迟几十年才会迎来电气时代和夜晚的光明；如果莱特兄弟不对鸟和飞行充满好奇，继续探索和研究，那么人类也不会发明便捷快速的飞行工具。

　　不要小瞧任何一个小小的提问，也不要忽视任何一个小小的习惯。涓涓细流也能汇聚成大江长河，微小尘土也能堆积成山。做优秀的孩子，要从建立良好的习惯开始，爱提问，敢于提问，学会面对问题而不回避问题，这些都是优秀孩子的良好习惯。

成长·心语

　　保持强烈的好奇心、大胆提问是我们在成长阶段中必要的好习惯。好奇心是我们深入地认识和了解世界的动力。只有善于发现，勇于提问才有被解答的可能，才能更好地了解世界。

好习惯成就未来

一个青年时代的习惯老来会变本加厉。

——巴尔扎克

习惯的重要性在于它跟我们的人生紧密相关，特别是青少年时期养成的习惯，对于成年后的事业与生活都能产生重大的影响。

微软总裁比尔·盖茨，他小时候有一个习惯——边读书边思考。不同于其他人的顽皮捣蛋，童年时代的盖茨是一个非常热爱读书、热爱思考的孩子。他精力充沛，性格开朗活泼，对各种书籍，尤其是数据和计算机方面的书籍充满了兴趣，甚至连吃饭的时候都拿着书不放。盖茨的父亲后来接受记者采访时透露，他对自己儿子童年时表现出的那种强烈的读书热情感到十分震惊，以至于他们在当时不得不为盖茨定下一条"吃饭时不许阅读书籍"的规矩。盖茨的英文老师也对盖茨的记忆力印象深刻:一次学院举办戏剧演出,小盖茨将一段长达三页的独白一字不错地背诵出来,让所有人都惊呆了。而这跟盖茨平时热爱读书、手不释卷的习惯是密切相关的。

后来盖茨考上哈佛大学,一次偶然的机会,他读到了一本杂志《大众电子学》,杂志上刊登的一张计算机的图片一下子闯入了他的脑海,让他产生了灵感和动力,产生了一个足以影响世界的电脑梦!从那天起,他与好朋友一起在哈佛的计算机中心不分昼夜地工作了八个星期,为电脑配上了basic语言,开辟了个人计算机软件业的崭新道路,也奠定了软件标准化生产的基础。

如果盖茨没有从小热爱读书和思考的习惯,那么他可能不会去读那本杂志,也不会因为杂志上刊登的一张照片而激发灵感,就更加不会有后来的微软集团,人类也许会推迟许多年进入全民网络时代。即使后来成为世界首富,比尔·盖茨喜爱读书的习惯也没有改变,他经常在个人博客上推荐他读过的书,其书目种类繁多，被推荐的图书超过一百五十多部。

比尔·盖茨获得成功的原因很简单，他从小时候起就培养了爱读书和思考的良好习惯并保持至今。这些好的习惯为他带来了事业的契机，并帮他养成良好的品质。他创办的微软公司越来越强大，事业版图越来越广阔。而他越成功，人反而更加勤勉和低调，受人尊敬。很多人喜爱和崇拜他不仅仅是因为他在事业上获得的成功，还因为他的个人魅力。

每个人的成功都是不可复制的，但有一些成功的方法可以分享给每一个人。从小就重视良好习惯的培养，不仅能带领你走向成功，也能帮助你成为一个更好、更受人喜爱的人。

成长·心语

　　有一句俗话相信大家都听说过："龙生龙，凤生凤，老鼠生的儿子会打洞。"很多人把这句话误解为基因命定论，龙凤的后代必定高贵，老鼠的儿子必定低下。但现在我们用一个更符合新时代的角度来解读，与其说是出生时的基因决定了人的命运，不如说是环境和习惯决定了人的命运。把人放置在一个什么样的环境里，教给他什么样的习惯，就会培养出什么样的人。童年时代的习惯影响你的青年时期，青年时代的习惯将影响你的一生。

坚持创作的小说家

伟大的作品不是靠力量，而是靠坚持来完成的。

——塞缪尔·约翰逊

创作了九十一部小说的作家

被尊称为"现代法国小说之父"的批判现实主义作家巴尔扎克是一位非常有毅力、坚持勤奋创作的人。他一生创作完成了九十一部小说，塑造了两千四百多个出色的人物形象。他之所以能取得这么大的成就，是因为他几乎把所有的时间都用在了创作上。他每天的创作时间将近十二个小时，从午夜一直到中午，以全部的精力投入写作。

除了用餐和如厕，巴尔扎克几乎都不离开桌子和椅子。巴尔扎克的写作效率也很高，每隔三天他就能用完一整瓶墨水、写秃十个笔头。

为自己找老师

与契诃夫、欧·亨利并称为"世界三大短篇小说巨匠"的十九世纪著名作家莫泊桑是法国文学史上短篇小说创作数量最大的作家之一，他创作的中短篇小说达三百五十九篇，质量和成就都非常高，很多文章被选入中国的中小学生语文课本。但这样一位著名的小说家，在写作的初期也不是一帆风顺，他碰到了很多问题。

莫泊桑很热爱写作，但他最开始创作的一些作品内容平平，没有值得一提的亮点。于是，他拜了大作家福楼拜为老师，并请教道："老师，为什么我写的小说总是不生动呢？"

福楼拜很直接地回答他："因为你缺乏观察和思考。我给你布置一个任务，这个任务需要你坚持练习，但完成任务后你的写作肯定有所长进，你是否接受呢？"

莫泊桑欣然接受。福楼拜给他布置的是一个观察任务，要他每天站在大门口，把他能看到的所有情况都详细地描述和记录下来，并且坚持长期做下去。

　　莫泊桑接受了这个需要长期坚持才能完成的任务。他牢记老师的话，每一天都坚持去做。

　　通过这个任务，他的观察和描写能力得到了很大的提高，对于人物面貌、衣着、神态等的刻画都更加生动，也积累了很多写作素材。他之所以能创作出《羊脂球》《我的叔叔于勒》这样脍炙人口的名篇，跟他用心学习，长期坚持观察生活是密不可分的。

好习惯成就未来

成长·心·语

　　在没有到达终点前，谁也不知道自己能不能成功。上面讲述的作家，无一不是靠着自己的坚持走到终点，才品尝到了胜利和成功的滋味。如果理想是果实，那么坚持就是那滋润大树开花结果的阳光雨露。

杰瑞米的小心思

习惯是一种顽强而巨大的力量，它可以主宰人的一生。

——培根

很多成功的大人物在分享自己的经验时，总是会提到有关坚持、努力、专注等方面的事。而这些良好的行为习惯，正是他们成功的推动力。

想获得成功并不需要你比其他人更聪明，也不需要你拥有与众不同的天赋，只要你养成良好的习惯，做一个勤奋、认真、上进的人，你就能迈向通往梦想与幸福的道路。

习惯是我们日常生活中长时间形成的生活方式，所以它具有长久的延续性和深远的影响力，对人的一生作用巨大。习惯有好习惯和坏习惯之分。好的习惯

好习惯成就未来

有助于我们自己的学习和进步，帮助我们成功；坏的习惯是我们通往成功之路的绊脚石，处处妨碍我们的生活与事业。

杰瑞米是一个经常被人夸赞"聪明"的小男孩，他的聪明表现在他喜欢高谈阔论，做事投机取巧，爱占人小便宜。就连好朋友让他帮忙买一包口香糖，他都能找借口得一些蝇头小利。朋友察觉后，鉴于两人的关系和交情，放任他去，只是渐渐疏远他。而杰瑞米不在乎那些，胆子也越来越大，从占朋友的便宜，到工作后利用职务之便谋取私利，他的贪婪和自私，让他渐渐滑向危险的深渊。

然而，职场不同于生活上的人情场。杰瑞米的小动作被人发现并举报后，公司严肃地处理了他。本来拥有一份人人称羡、衣食无忧的工作的他，变成了身败名裂、无人亲近的可怜虫。

杰瑞米的失败在于他放任了自己坏习惯的滋长，导致贪婪的欲望越来越强烈，最终走上了不归路。

那我们应该怎样正确地培养自己的习惯呢？

首先，我们要正确认识自身的好习惯和坏习惯，这样我们才能更彻底地改正坏习惯。其次是我们要建立阶段性的鼓励目标。根据科学理论来说，一个习惯的养成最短需要坚持二十一天。所以，以二十一天为一个阶段，如果我们改掉一个坏习惯，或者坚持培养某个好习惯，每完成一个阶段就给予自己某种奖励。最后，凡是正确的事情，我们都要持之以恒。

习惯的产生是日积月累的，习惯的改变也是不能一朝促成的。改掉坏习惯，培养好习惯，是一个长期的、艰辛的奋斗过程，但不能因为这个过程艰难我们就不去做。

成长·心语

　　好的习惯将陪伴并影响你的一生。你是一个守时的人吗？你是一个有想法便立马实施的人吗？你是一个做事喜欢提前计划的人吗？你每天都抽时间锻炼身体吗？你经常跟家人保持密切的交流吗？你懂得如何控制情绪和脾气吗？你有经常阅读书籍，为自己"充电"的习惯吗？这一点一滴好习惯的培养，对你的人生意义非凡。

莉莉斯的家庭教师

事实上一切教育归根究底都是为了培养人的良好习惯。

——洛克

孩子们在年幼的时候，对事物的分辨能力还不足，也缺乏基本的耐心和毅力。这都是需要家长和老师来引导和培养的。

莉莉斯家境富裕，从小就被父母和爷爷、奶奶娇惯着长大，养成了任性刁蛮、不讲礼貌的坏习惯。父母为莉莉斯请来了一名家庭教师——拥有多年教育经验的安琪女士。

安琪女士第一次见到那个漂亮的、戴着粉红色蝴蝶结的小女孩莉莉斯时，她正在大发脾气，将母亲递给她的牛奶打翻了。

"我最讨厌喝牛奶！讨厌！讨厌！"小女孩瞪大眼睛，生气地在地毯上跺脚，还大喊大叫，"给我零花钱！我要去买艾丽丝的娃娃！不给我钱买娃娃我就不吃饭！"

母亲有些为难地看看莉莉斯，又看看新来的安琪女士，走上前收拾好桌上打翻的牛奶，抱歉地说："抱歉了，安琪老师，莉莉斯真的需要您好好帮忙教育了。"

"她是谁？教育？你们给我请家庭老师了？我最讨厌老师了！最讨厌了！讨厌！"莉莉斯连续说出了三个讨厌，表达自己对老师的不欢迎。

莉莉斯的母亲为女儿的没礼貌感到难堪，但是安琪老师朝她摆摆手，示意她把莉莉斯交给她："莉莉斯讨厌安琪老师也没关系。无论如何，接下来的日子，你的学习、生活全部由我教育和管理。"

之后，无论莉莉斯多么不情愿，跟莉莉斯父母达成共识的安琪女士完全接管了莉莉斯的生活和教育。安琪女士要教育莉莉斯的第一件事是懂得礼貌。她给莉莉斯家里的所有人定了一个规矩，除非莉莉斯有礼貌地说出请求，否则不允许任何人回应她，给她任何东西。

莉莉斯撒泼打滚、摔东西，但是家里所有的人在安琪女士的示意下都不理睬她。直到莉莉斯把自己折腾得又累又饿，她不得不听从安琪老师的规矩，走到母亲面前，第一次说出"请"这个字："请给我一片面包，妈妈。"莉莉斯的母亲看到女儿将平时百般哄劝都不肯吃的食物规规矩矩地吃完，竟然激动得热泪盈眶："太感谢您了！安琪老师，莉莉斯从来没有这么乖地吃完一顿饭过！"

安琪女士解释道："要改变莉莉斯的坏习惯，家庭里的每一个人都要努力。我们从让莉莉斯学会礼貌地打招呼和提出请求开始，一步一步地让莉莉斯树立良好的习惯。我不是来培养她特长的，而是让她改掉坏习惯，培养让她受益终身的好习惯。好习惯才是最好的老师。"

接下来，安琪女士又继续加强对莉莉斯的管理：培养莉莉斯的独立动手能力，让她学会有耐心，让她明白学习知识的用处和乐趣，让莉莉斯懂得尊重别人……安琪女士花费了大概两年的时间和心血，终于

好习惯成就未来

把刁蛮任性的小女孩莉莉斯，变成了一个有礼貌、聪明又懂事的孩子。当安琪女士觉得自己已经没有什么可教育莉莉斯，要离开莉莉斯家的时候，莉莉斯紧紧地抱住了她，不舍地说："请您不要走，安琪老师！我最喜欢的老师！我真的最喜欢您了！"

莉莉斯经历这段时间的改变，打心底里喜欢上了让她认清自己身上的毛病，并且帮她改正了许多坏习惯的安琪老师。

"莉莉斯，所有的缘分都有结束的时候。老师离开你，是因为你已经成了非常优秀、让人信赖的好孩子，没有辜负老师和你父母的期望。虽然老师离开了，但是老师带着你培养的那些好习惯，会陪伴你一生。"

安琪女士在莉莉斯的不舍和莉莉斯父母的感激中离开了。很多年后，当年的任性小女孩莉莉斯成了一名优秀的外交官。在回母校为毕业生们做演讲时，她总是会第一时间感谢她童年时期的家庭教师："我之所以能有今天的成就，要感谢帮我树立了良好的人生习惯、教我做人品德的安琪女士……"

成长·心语

　　每一个孩子或多或少都有着一些不好的习惯。家长和教师在孩子成长阶段扮演着最重要的教育角色，孩子身上的一些习惯，也是由家长和教师们影响或者培养的。

　　千万不要放任任何一个看似微不足道的恶习，因为恶习总会随着时间变本加厉，等到误入歧途，再后悔没有早日养成好习惯，改正坏习惯，就太迟了。

谦虚是一种修养

不能凭最初印象去判断一个人。美德往往以谦虚镶边，缺点往往被虚伪所掩盖。

——拉布吕耶尔

谦虚的人总会让身边的人如沐春风。他们自身有着超高的品德和才能，却又低调沉默，不张扬显摆。

希腊哲学家苏格拉底每次听到其他人称赞他的时候，总会谦逊地表示："我唯一知道的就是自己的无知。"人们也因为他的这份谦逊的美德，更加赞赏和尊敬他。

著名的物理学家牛顿发现了影响世界深远的万有引力，在数学上也颇有建树，人们都认为他是一位非常伟大的科学家。然而牛顿也总是对自己的成就表现出一种谦虚的态度："我有幸比其他人看得更远一点儿，是因为我站在巨人的肩膀上。"

法国画家贝罗尼为人十分谦逊。成名后，他也经常去各个地方写生。有一次，他来到了瑞士的日内瓦湖边作画。他正用蘸着颜料的画笔在白纸上涂抹的时候，有三位女士刚好来到了他旁边。看到他的画后，那三位讲英文的女士便开始点评起贝罗尼的画作来。一个说贝罗尼的画颜色没上好，一个说贝罗尼的画布局不对，还有一个说贝罗尼使用画笔的姿势都不正确。贝罗尼听了他们的意见，并没有不满或者出言反驳，只是微笑着朝她们点点头，并且根据她们的意见调整了一下画作，还向她们道了谢。

第二天，贝罗尼离开了日内瓦湖边，要去另外一个地方写生，恰好又遇到了那三位点评他画作的女士。她们正热烈地议论着什么，看到贝罗尼后，便走过来打听："你好，我们听人说法国著名画家贝罗尼也在这边度假，想去拜访一下他，你知道贝罗尼先生在什么地方吗？"

贝罗尼朝她们微微鞠躬，谦逊有礼地说道："我正是贝罗尼。"

三位女士惊呆了，想起她们昨天的无礼点评，她们羞愧得脸都红了。

中国的京剧大师梅兰芳除了极高的艺术造诣，为人也十分谦逊有礼。他声名远扬的时候，也从不以自己是名人、大师而傲慢。他拜了画家齐白石为老师，拜访老师时总是恭恭敬敬，还亲自为齐白石老人铺纸磨墨，端茶送水。

有一次，梅兰芳和齐白石老人都被同一家人邀请去做客。齐白石老人提前到了，但因为他穿得十分朴素，进去后也很低调，而其他人穿着打扮光鲜亮丽，男宾客西装革履，女宾客珠光宝气，因此根本没有人注意到齐白石老人的到来。

当梅兰芳来到宴会厅的时候，所有人都不约而同地上前去迎接他，兴奋地跟他寒暄，争相跟他握手。梅兰芳却从欢迎他的人群外，发现了被冷落在一角的齐白石老人。他立马跟迎接他的人说了声抱歉，然后分开人群，快步走到了齐白石老人的面前，低头恭恭敬敬地向齐白石行礼，并且握手。

在座的人十分惊讶，为什么大名人梅兰芳竟然和一个衣着寒酸的老人握手？梅兰芳特意握着齐白石老人的手，跟大家介绍道："这是我非常尊敬的老师，著名画家齐白石先生。"

齐白石也为梅兰芳的态度而感动，不久后，他送给梅兰芳一幅画，还题了一首诗："记得前朝享太平，布衣尊贵动公卿。如今沦落长安市，幸有梅郎识姓名。"

成长·心语

　　谦虚体现人的修养，是能让人受益一生的崇高美德。谦虚的人从不自满，他们内心从容、大度。谦虚的人身上有一种让人感到亲切随和的气质，他们不会第一时间成为人群中的焦点，但经过岁月的沉淀，他们身上的特质会展现出来，让越来越多的人喜爱他们，愿意和他们结交。谦虚不是虚伪做作，也不是自卑懦弱，而是在自身有足够能力和才华的前提下，依然保持清醒的头脑，不张扬、不夸耀。

和坏习惯说拜拜

习惯是一个人思想与行为的领导者。

——爱默生

　　娜恩和娜朵是一对漂亮的双胞胎姐妹花，但是两个人平时的习惯和性格都不一样。娜恩比娜朵早出生两分钟，是姐姐，从小就乖巧懂事，做事情也井井有条。她在学习上非常刻苦，每天晚上完成作业后还提前学习高一年级课本的知识。生活上，她每天都按时起床和休息，也经常帮助经营农场的父母做一些家务活儿。如果还有一些多余的时间，她便会去学习画画。父母为懂事乖巧的娜恩请了教画画的老师，娜恩非常珍惜学习的机会，不仅认真听课，还经常向老师请教。

　　双胞胎妹妹娜朵的个性跟娜恩十分不同。她非常活泼好动，但生活中有懒散随性的恶习。她是一名"起

★★★ 好习惯成就未来

床困难户"，每天都要姐姐喊四五次，甚至掀开被子才肯起床。学习上，她怕吃苦，玩心很重，经常逃课和她的一些"朋友"出去玩。生活中，她是需要父母、姐姐照顾和宠爱的宝贝，衣来伸手，饭来张口。她也有很多兴趣爱好，喜欢唱歌，喜欢画画，喜欢溜冰，喜欢游泳……可每次娜朵都是三分钟的热度，父母为她请的老师前前后后换了好几个，都没有一个能让娜朵坚持下来，所以她什么都没有踏实地学好。

父母和娜恩都意识到娜朵不能长期这样下去，这会影响她的前途和未来的生活。父亲曾经对娜朵说："娜朵，你看看姐姐娜恩，她那么优秀，获得了大家的认可，你难道不羡慕吗？"但是娜朵调皮地回答："我可一点儿都不羡慕姐姐！姐姐受到认可是应该的，但是我没办法像姐姐那样刻苦学习。我也没觉得自己现在有什么不好！生活就应该及时享受快乐！"

"但是你要好好考虑你的未来啊！娜朵！"娜恩也担心地告诫妹妹。可娜朵根本听不进别人的意见，她觉得父母和姐姐都太循规蹈矩，过的生活没意思透了："如果未来要像你现在这样无聊和单调，我宁愿不要。"

　　然而十年后的娜朵对自己曾经漫不经心的话感到十分后悔。姐姐娜恩顺利考上了名牌大学，并且找到了一份薪水优渥的工作，还有数名精英男士在追求她。娜恩曾经的努力换来了人人称羡、光鲜亮丽的人生。

　　而娜朵却没有过上她想要的那种及时享受快乐的生活。她高中肄业，并且早早就跟一个品行不端的男人结了婚，不到一年又因为感情破裂而离婚，成为一名单身母亲。因为没有较高的学历和足够的能力，娜朵只能找到一些薪水十分低廉的兼职工作以养活自己，还时常需要父母的接济。娜朵不止一次后悔过："如果我当初改掉那些让我消磨意志的坏习惯就好了！"

好习惯成就未来

成长·心语

　　娜恩和娜朵是两姐妹，成长环境一样，起点一样，甚至外在条件都一样，但她们不同的个性和习惯造就了两种不同的人生。娜恩的勤学上进让她拥有了光明灿烂的未来，而娜朵的好逸恶劳让她尝到了人生的苦果。好习惯是每个人一生的良师益友，而坏习惯是引人堕落的邪恶之果。我们要学会与好习惯为伍，跟坏习惯说拜拜。

童话建筑家

人类一生的工作，精巧还是粗劣，都由他每个习惯所养成。

——富兰克林

如果你去过巴塞罗那，一定会为那里精致、新奇、充满浪漫的童话色彩的建筑而惊叹，如古埃尔公园、米拉公寓等。那些建筑造型奇特，曲线优美流畅，有的形状如海浪的起伏，有的图案像海螺上的纹路，还有的结构如同蜂巢一样。那些建筑不仅带有充满想象力的童话般的色彩，还体现了一种贴近大自然的和谐之美。

这些奇特而精美的建筑的设计师，便是最著名的西班牙建筑家——高迪。

高迪是被誉为天才的建筑家，他有十七项建筑设计作品被列为西班牙的国家级文物，其中有三项被联合国教科文组织认定为世界文化遗产。建筑界的高迪，就如美术界的毕加索一样，享有极高的声誉。

很多人都挖空心思，想建造让自己名扬天下的建筑。高迪的设计理念与他们不同。他小的时候由于身体虚弱，不能跟同龄人玩耍，只能一人独处。于是，他养成了独自观察大自然的习惯：一片树叶的飘落，一朵鲜花的绽放，一只蜗牛的爬行，一阵风拂过发梢……大自然的一切都给予了他无穷的灵感。长大后的高迪对建筑十分感兴趣，恰好在那个时候，国王下了巴塞罗那全城改建的诏令。所以，最后高迪呈现在世人面前的建筑，都体现了他亲近自然的独特审美观。

高迪设计的建筑问世后，人们虽然感到惊奇，但并没有认可和接受高迪的作品。后来，高迪的好友，更是他的灵魂搭档的古埃尔认识到了高迪的才华。他盛赞高迪的建筑设计，并且称赞他是一个"疯子"一样的天才。他甚至赞助这位有着不同寻常品味的"疯子"建筑师，跟他合作建筑了一座"花园城市"——古埃尔公园。

为了建造这座花园，高迪和古埃尔在远离巴塞罗那的郊区合作买了一块山地，克服了山路陡峭、交通极度不便的困难，在那里建起了一座美轮美奂的建筑。他神奇地运用了各种彩色的马赛克瓷片，来装饰公园里的长椅、道路等，公园内部所有的设计都有着蜿蜒曲折的线条，美好得仿佛带着诗意。

　　在公园中央，高迪还特别设计了供人休憩的广场，他预见到广场会是未来的人们的一个主要休闲场所。在广场周围还有许许多多弯弯曲曲的柱子组成的廊道，远远看去，就好像搬来了森林的树木卫兵一样。

　　古埃尔公园建成后，虽然在经济上遭遇了巨大的失败——毕竟人们并不愿意花钱住在一个需要翻山越岭的地方，但是在艺术价值上，古埃尔公园毫无疑问已成为人类世界历史文化遗产的瑰宝。它就像一个有着斑斓色彩的童话梦，精致美好得让人不想走出来。

成长·心语

设计出世界上最精巧新奇的建筑作品的建筑师——高迪的成就也不是一朝一夕达成的。

高迪与众不同的天才设计，是源自他小时候对大自然观察和探索的结果。好的习惯帮助他成就了精巧而伟大的作品。

不做坏人

习惯支配着那些不善于思考的人们，好习惯可以保证他们不成为坏人。

——华兹华斯

足球是全世界范围内最受欢迎的体育运动之一，足球运动员像明星一样，拥有广泛的知名度和不菲的收入。保罗·加斯科因曾是英国著名的足球明星，但这位足球明星的现状令人感到唏嘘。

保罗·加斯科因出生于 1967 年，是一名中场球员，曾代表英格兰国家队出场五十七次，参加世界杯赛六次，是英国有名的体育明星。加斯科因个性鲜明，才能过人，他的声誉在 20 世纪 90 年代一度达到了顶峰。身价一度达到年薪两百万英镑。2002 年，加斯科因还入选了英格兰足球名人堂。可自从他于 2004 年宣布退役后，就染上了酗酒的恶习，身体每况愈下，甚至还因为过于沉迷酒精而病倒，被送进医院。

　　加斯科因经常因为酗酒而被英国的新闻媒体报道。有一次，他被房东驱赶，面临无家可归的境况。压力倍增的他于是就选择喝酒来逃避问题，结果喝到生命垂危，被救护车给带走。2004 年的 8 月，加斯科因因为胃溃疡穿孔被紧急送往医院。医生诊断后，告诉他，因为他的长期放纵，酗酒成瘾，他已经成为名副其实的病秧子。

　　谁会想到当初鼎鼎大名的英国国脚，一代巨星加斯科因，竟然有一天会被房东赶出家门呢？因为长期酗酒，加斯科因没有了健康的身体，外貌上更像是一个比他的实际年龄苍老三十岁的老人！

　　加斯科因曾经想过结束自己的生命。他在听到医生的诊断后就丧失了对生活的所有信心，他知道自己再也无法重返昔日的荣光。因此，加斯科因除了染上酗酒的恶习，还患上了抑郁症。

　　有一年的圣诞节，有媒体记者找到了加斯科因的儿子，采访时询问他对父亲的看法。

加斯科因的儿子坦然地说道，父亲已经不再是他的骄傲，而是家族的耻辱。他期盼着加斯科因离开他，离得远远的，因为他觉得酗酒的父亲已经无药可救了。

　　对于加斯科因的遭遇，很多球迷，还有与他曾共事过的教练、同事，都为他感到无比的惋惜。

　　曾获得英超最佳教练的雷德克纳普对加斯科因表示了同情："我看着他成长，我欣赏他，他曾经有一颗金子般的心。也许他已经花光了所有的钱，但他就是那样。每个人都尝试帮助他，能做的都已经做过了，如今能帮他的就只有他自己了。"

　　加斯科因也感到十分懊悔。在清醒的时候，他说过，害了自己的是酗酒的恶习，如果他没有那样的坏习惯，那么他绝对不会沦落到今天这样的地步。

　　放任自己的坏习惯可能让你感到暂时的轻松，但影响的将是你的一生。如果我们不想成为坏人，成为连亲人、朋友都厌恶的那种讨厌鬼，请从保持自律、远离坏习惯开始吧！

成长·心语

如果想让自己成为足够好的人，这个目标让你觉得有些艰难，那么我们可以先从不成为坏人开始。这种坏不是罪大恶极的坏，而是因为一些坏习惯而变成那种对身边人造成恶劣影响的"坏人"。我们都知道习惯是长时间积累的结果，那么改变坏习惯也是需要时间的。

我们可以运用我们的智慧、毅力，远离那些不好的行为、不良的习惯。让好的行为、好的习惯贯穿我们的一生。

从实践出发

纸上得来终觉浅，绝知此事要躬行。

——陆游

行动优于思想，实践才是检验真理的唯一标准。对于家长和老师们来说，最有效的教育方式就是实践。

有个叫亚克顿的英国小伙子，自诩爱书成狂，每天都要读书，日积月累下来，他读过的书多达七万本。人们知道他的故事后，纷纷赞赏和佩服他，亚克顿有些得意。

某杂志的记者采访亚克顿，他认为亚克顿读书那么多，肯定文章写得也不错，于是邀请亚克顿为他们家的杂志写一篇文章："亚克顿先生，您能为我们杂志撰文吗？我们会给您最好的稿酬待遇！"

亚克顿闻言，回答变得支支吾吾："读书……我倒是读得多，可是文章我一篇都没写过……"记者大吃一惊："那您读那么多书，是为了做什么用呢？如果不会写文章，那您是不是对数理、科学研究得比较透彻呢？"

"那……那也没有。读书就只是读书罢了……"亚克顿羞得满脸通红。而采访他的记者这时才明白，面前的亚克顿先生是一位空读书的专家，虽然读了几万本书，但是从来没有利用书本中的知识实践过。记者临走前，叹着气对亚克顿说："多么可惜啊，亚克顿先生！你本来可以通过读那么多书来积累你的智慧和经验，写出漂亮的文章或者优秀的科学研究论文。可您都没有做到！那些被你读过的书不知道会不会暗自哭泣呢？"这位只知道空读书、不注重实践的亚克顿，就像一座吸收不了任何清泉的沙漠，哪怕将一整个大洋的海水倒进沙漠，也留不住一滴水珠。

中国有一位漫画大师丰子恺，他也受过实践才能出真知的教训。有一次，丰子恺画了一幅《卖羊图》，画的内容是一位农民牵着两只羊去羊肉馆卖给老板。他特意请了一位老农民看，不料老农看了他的画作后，连连摇头，叹着气说："唉，你画错了！"

丰子恺仔细观察，他没有找出画中的任何错误。于是他虚心向这位老农请教："老人家，您说我错在了哪里呢？"

老农指了指系着羊的绳子："你多画了一条绳子。牵羊只需要牵头羊，不管后面多少只，都会跟着头羊走。所以，牵羊的绳子画一条就足够了！"

丰子恺恍然大悟，受教后，他向老农作揖一拜："多谢您了，老人家！不然我这画拿出去就丢面子了！知识还是出于实践啊！"

一正一反两个事例，告诉了我们实践的重要性。大多数成功的人，都是重视实践的人，而不是只会夸夸其谈的空想家。行动才能推动梦想的实现，实践才能圆满成功。

好习惯成就未来

成长·心语

　　世界上最容易完成的梦想是空想。因为空想只需要你想象，不需要付出任何实践，当然也对你的现状没有任何作用。我们常说，每个人都有做梦的权利，但不是每个人都有实现梦想的一天。究其原因，就在于实践。重视实践、务实的人，比空想家们有更高的行动力，更强烈的改变现状、创造未来的愿望。

快成功时要小心

> 永远谨慎乃是至高无上的价值。
>
> ——马克·吐温

魔术是一种给观众带来惊奇和刺激的，充满神秘感的表演艺术，核心在于通过各种巧妙的道具、机关和娴熟的手法，给观众带来视觉上的不可思议的奇幻效果。简单来说，魔术就是创造奇迹。

逃脱魔术是魔术里的一种表演形式。曾经有一位著名的逃脱魔术表演大师，他的名字是哈里·胡迪尼，原籍匈牙利，十三岁后随家人来到美国的纽约生活。因为家境不富裕，胡迪尼没有上过学，还要做一些工作养家糊口。有一次，他在观看了一位魔术师林恩的表演后，对魔术产生了强烈的兴趣，恳求拜林恩为师。魔术大师林恩看胡迪尼态度诚恳，身形也比较灵活，是学习魔术的好材料——虽然胡迪尼没受过多少教育，身材也比较矮小，但是他的身体素质很好，曾经拿过田径和游泳比赛的奖牌。林恩看好胡迪尼，于是在经过胡迪尼家人同意后，他收了胡迪尼为学生。

在跟随林恩学习魔术的基本技巧时，发生过这样一件事。林恩安排胡迪尼练习叠椅子——人站在椅子上，然后一把一把地往脚下加椅子，椅子加得越高，人站得越高，难度越大，危险也越大。胡迪尼当时的最高纪录是加八把椅子，他很得意，跑去跟老师炫耀。林恩于是给了他一个机会，让他在大家面前表演。

胡迪尼信心满满地开始了叠椅子的表演。他把椅子一把一把地往上加，维持着自己身体的平衡，一直顺利加到了第八把椅子，台下的人都给了他热烈的掌声，让他无比得意和自豪。可是在他往下一把一把撤椅子的时候，过于得意忘形的他从上面摔了下来，摔得很痛。

胡迪尼不明白，为什么自己往上加高椅子的表演都顺利完成了，等到简单的撤椅子环节却失败了呢？他捂着摔疼了的臀部，难过地问林恩老师："是我的技艺练得不够熟练吗？为什么我连最难的表演环节都完成了，却在次要环节失败了呢？"

"不，胡迪尼。你的技艺并不差，而是你在即将成功的时候放松了警惕，才导致失误，让表演没有成功。越接近成功的时刻就是越危险的时刻，你决不能掉以轻心！"林恩老师耐心地教育他。

胡迪尼反省了自己的行为，也牢牢记住了老师的教诲，更加勤奋刻苦地练习魔术。他是一个能刻苦努力学习，对成功充满渴望的人。他不满足于常规的魔术表演，想利用自己的长处开发新的魔术表演形式。

十七岁时，胡迪尼和一名搭档成立了一个小型的胡迪尼兄弟魔术团。在 1898 年，胡迪尼开始了他的第一次逃脱术的表演——从观众提供的一副手铐中成功脱身。他的表演获得了观众们的热烈掌声。从此，胡迪尼专心钻研逃脱魔术，并且因此成名。

1913 年，胡迪尼的逃脱魔术更上一层楼，他第一次在观众面前表演了充满刺激和新奇感的水牢逃脱术。

一个由玻璃和钢铁打造的水牢注满水后，胡迪尼手脚捆绑着被放进水牢。他必须在三分钟内，在无数双观众的眼睛的围观下，挣脱绳子的束缚，从水牢逃出。超出这个时间，他可能会溺水而亡。这场表演十分成功，观众非常震撼，他们还从没看过这么新颖、危险又刺激的魔术，而胡迪尼也因这场表演而获得了"逃脱魔术大师"的称号。

　　勤奋，认真，谨慎，面对成功不骄不躁——这是胡迪尼成为一代逃脱魔术大师的关键因素。

成长·心语

　　最危险的时刻，不是要面对重重困难的时刻，而是将要成功的那一刹那。一旦你放松警惕，哪怕只有一秒钟的时间，成功的果实都有可能从你手中掉落。越接近成功的时刻就越危险，绝不可以放松警惕，因为意外和失误随时都有可能到来。在成功前的这个时刻付出双倍的谨慎和小心都不为过。

乐观让人生充满阳光

真正的笑，就是对生活乐观，对工作快乐，对事业兴奋。

——爱因斯坦

在人的诸多好习惯中，乐观是让人生充满阳光的习惯。乐观让人自信和开朗地面对生活中的一些麻烦和困难，乐观让人心情开朗，让人与人之间的关系更为融洽，乐观让人拥有积极面对人生的态度和心态。

日本有一位非常有名的老奶奶，她的名字是柴内丰。这位老奶奶的特别之处在于，九十岁之前她只是一位普通的女性，九十岁之后因为她对诗歌的热爱和乐观的人生态度，她成为日本的名人。

柴内丰出生在 1911 年，童年的生活富裕安逸，青年时期，她的爱情和婚姻接连遭遇不幸。二十岁时认识的第一个恋人，婚后暴露出无赖的本性，柴内丰与他离婚。三十三岁时，她与一个厨师结婚，婚后过了一段幸福的生活。但后来丈夫去世，她痛失爱人。

柴内丰虽然在情感和婚姻方面不顺，但她生性豁达，兴趣广泛。她喜爱文学和舞蹈，也爱把自己打扮得漂漂亮亮的，把生活过得有滋有味。九十二岁时，柴内丰扭伤了腰，得养病。儿子见她闷着养病无聊，便鼓励母亲把年轻时写诗的爱好捡起来。柴内丰听从了儿子的建议开始写诗，写诗本来就是她年轻时的梦想。她写的一些诗歌在报刊上发表了。得到认可后，她更加充满了创作的热情。

六年后，她出版了自己的第一部诗集《别灰心》，一出版就爆红，销售量超过一百五十万册，进入了日本的年度十大畅销书籍排行榜。而这个创作了日本诗集出版神话的老奶奶，此时已经九十八岁了。两年后，柴内丰又出版了第二部诗集《百岁》，同样受到了读者的欢迎。

柴内丰老奶奶的诗歌最大的特点是像阳光一样温暖，她的诗歌以爱情、梦想、希望等为主题，融入了

★ ★
好习惯成就未来

快乐和热情，让读她诗歌的人能感受到温暖与快乐。曾经有读者说，只要读柴内丰老奶奶的诗，就仿佛感受到一阵清爽的风吹拂过脸庞。哪怕一百岁了，她也保持着很多年轻人都难得拥有的，对生命的乐观和热情："说什么不幸，有什么好叹气的呢。阳光和微风从不曾偏心。每个人都可以平等地做梦。我也有过伤心的事情，但活着真开心，你也别灰心。"

"活着真开心"，以这样的信念，柴内丰老奶奶从容地走过了她的一生。不因为生活的不幸、疾病、年龄的苍老而有任何气馁，她不仅自己活得快乐，也把这种乐观快乐的人生哲学通过作品传递给了大家。

成长心语

　　人生总有高潮有低谷。面对低谷期，需要用乐观的精神来面对。乐观是一种积极进取的人生态度，是人们度过低谷期的信心保障。无论人生面临多么深重的黑暗，乐观的人都会坚信黎明总要到来，自己的信念和意志绝对不会被黑暗所磨灭。要树立乐观的生活态度，用阳光的心态，为自己创造阳光般的生活。

成功需要一步一步的积累

不积跬步，无以至千里，不积小流，无以成江海。

——荀子

成功不是一蹴而就的，而是需要一点一点的积累，厚积薄发，水到渠成。

唐代有一位诗人李贺，他创作诗歌的灵感便源于平时的积累。每次出门，他总会随身带一个锦囊。路上观察到的风景、人物、建筑等任何激发他灵感，让他想起的只言片语，他都会立马用纸条写下来，然后将这些纸条放入随身锦囊中。

等到要创作诗歌时，李贺便会把锦囊里的纸条拿出来，根据这些平时的记载，提炼出好的诗句来。人们称他的随身锦囊为"诗囊"，而李贺也因为诗词方面的才华被人尊为跟"诗仙"李白、"诗圣"杜甫齐名的"诗鬼"！

无独有偶，宋代有一位著名的诗人梅尧臣跟李贺有同样的积累习惯。他每次出去游玩或者跟亲友会面时，也会随身带一个"诗袋"。碰到新鲜事物或者欣赏到美丽的风景，得到一些诗句，他也会用纸记下来，存入诗袋中。因为这样的习惯，他在诗歌上取得了很大的成就。司马光称赞他的诗歌可以"留为子孙宝，胜有千年珠"。

清代的文人袁枚在平时也十分注重语言的积累。他非常擅长观察，能从跟其他人的交谈中，从朴素的生活话语中得到灵感。一次，冬天梅花盛开，袁枚正站在树下赏花，这时，他听到一个路过的普通百姓看着花感叹道："看，这梅树有一身花了。"袁枚当时被触动了，记下了这句话，后来经过反复的推敲、提炼，他写出了"月映竹成千个字，霜高梅孕一身花"的名句。

还有一次，袁枚跟一位僧人辞别，僧人叹息着对他说："太可惜了！现在院子里梅花开得正好，你带不走。"袁枚脑子里灵光一闪，又得出了"只怜香梅千百树，不得随身带上船"的名句。平时用心观察，多积累生活素材，自然能获得创作的灵感，写出佳作名句。

　　成功需要一步一步的积累。积累是走向梦想和成功的马达和燃料。积累让人们把成功的关键因素掌握在自己的手中，而不是抱希望于运气。无论你想做什么样的事业，都要从小处出发，注重平时的锻炼和积累，这样距离成功的那天就不会太遥远了。

成长·心语

　　无论是生活经验的积累，灵感诗句的积累，还是零碎时间的积累，都是化零为整、以小成大、聚少成多的过程。别小看平时一点一滴的积累的工夫，积累到一定的程度，这些就会变成推动你走向成功的助跑燃料。量变引起质变，积累的科学根据就在于这一点。没有平日的积累，没有平时的水磨工夫，就不会有达到成功的质变和最后的圆满。

好习惯成就未来

魔鬼在细节

细节在于观察，成功在于积累。

——爱默生

　　"魔鬼在细节"这句话是著名的现代主义建筑大师密斯·凡·德罗的名言。

　　密斯·凡·德罗 1886 年出生在德国，是 20 世纪最伟大的现代主义建筑大师之一。有记者采访密斯·凡·德罗，问他的成功秘诀，密斯·凡·德罗只说了这么一句话："魔鬼在细节！"不管建筑方案多么精巧、新颖、大气，如果对细节的要求不到位就难以成为真正的好作品。忽视细节问题，也容易造成建筑设计上的疏忽大意，导致可怕的后果。密斯·凡·德罗每参与一项建筑设计，都会把工作做到最细致。

　　有一次，他接受了一座剧院的设计工作，建筑竣工后，他亲自到剧院去调试每一把座椅，希望使剧院的每一位观众都能有最好的视听效果。正因为密斯·凡·德罗对细节的重视，他的建筑作品才享誉全世界，让无数人惊叹。

有一家大型企业要招聘高级管理人才，有八名优秀的应聘青年过五关、斩六将，终于到了最后的面试环节。在最后的面试环节，青年们被一个接一个地喊进去。前面七个人进去后，针对三名面试官的问题都非常自信地做了回答，但面试官们都没有当场拍板，只是让他们回去等候通知——直到第八名青年走进面试的房间。他是八名进入面试的人员中，相对来说学历和实力最弱的。当这名青年走进房间后，还没入座，就看到整洁干净的地毯上有一个白色的小纸团。他微笑着跟面试官打完招呼后，先弯下腰捡起了纸团才就座。青年进行了一番热情洋溢的自我介绍后，便等待面试官提问，但主面试官只跟他说了一件事："年轻人，请你打开你刚刚捡起的纸团。"

青年诧异地打开自己刚刚捡起的纸团，看到里面的文字后，巨大的诧异和惊喜向他袭来。原来纸上写

好习惯成就未来

着——"欢迎您成为公司的一员！"

这时，主面试官为他解答了疑惑："在这么多的面试人员中，你是唯一一个注意到了地上的小纸团并且弯腰捡起了它的人。我们公司需要这样细心与公德心兼具的人才！恭喜你，你获得了这份工作！"

一个小纸团，代表了一次宝贵的就职机会。而一些微不足道的小细节，往往能成为影响最后结果的关键。对于求职成功的那名青年来说，他只是捡起了一个纸团，但是他捡起的也是一次良好的机遇。如果不是平时就注重细节的问题，他就会生生地与好的机遇擦肩而过。

我们常说，机遇是留给那些有准备的人的，而怎样才算是有准备的人呢？注重细节，从小处着眼，一步一步脚踏实地向成功的目标迈进的人便是这其中的一种。

成长·心语

　　细节是影响成功的重要环节。注重细节可以成就完美，注重细节也可以为你带来良好的机遇。

　　我们经常会面对很多时间紧迫、任务繁重的工作，但越忙、越急、越难，越不可马虎，要把细节做到位，这样既保证了我们工作的质量，也能帮助我们形成良好的口碑。做餐饮的要注意卫生细节，做建筑设计的要注意结构和工程、材料各个方面，做医生的要关注到病人的每一个临床反应……细节在各种工作中都至关重要。

好习惯成就未来

习惯成自然

第一个习惯是及时。第二个习惯是近俗。第三个习惯是学习。第四个习惯是动笔。第五个习惯是强身。第六个习惯是爱好。第七个习惯是常备。第八个习惯是执行。第九个习惯是服从。第十个习惯是收放。

——冯唐

"习惯成自然"这个成语出自于《汉书·贾谊传》。意思就是指，习惯就像人的天性一样那么牢固，非常难改变。

如果你养成的是好习惯，那么"好习惯成自然"对于个人的发展肯定是一件好事。你的好习惯太牢固，想改都改不了。但如果是"坏习惯成自然"，那就对你以后的人生会产生很大的负面影响。所以，我们要把那些成为你人生痼疾的坏习惯改掉。

英国有个科学家曾经做过一个关于动物习惯的实验。科学家把一群马赶进了一个被栅栏围起来的草地里，栅栏上安装了电网。

　　一开始，马儿们总想跑出去，于是朝着栅栏上撞。可是马儿一碰到栅栏，电网就会放电，"噼里啪啦"电得马儿们一边后退一边嘶叫。

　　经过一个星期的时间，科学家悄悄地把安装在栅栏上的电网给撤掉了，并且在栅栏外放了新鲜的草料，想吸引马儿们冲破栅栏。可是，马群里没有一匹马儿再去尝试着触碰栅栏，它们安静地在圈子里吃着枯黄的野草，哪怕外面的牧草再诱人。它们因为害怕被电网电，不敢再尝试了。受到电网打击的马儿养成了远离栅栏的习惯，这种习惯使它们因害怕而丧失获得新鲜牧草的机会。

　　马修和莉莉是一对青梅竹马的小伙伴，感情一直很好。在他们上小学的时候，马修的妈妈总会给马修准备两瓶牛奶，让马修带给莉莉吃。莉莉一开始很感动，非常感谢马修和马修的妈妈对自己这么好，但久而久之，她也习惯了。直到有一天，莉莉发现，马修没有给她牛奶，莉莉于是去责问马修："我的牛奶呢？你是不是把我的那瓶喝掉了？"

马修难为情地对莉莉解释，因为他爸爸失业了，最近家里经济情况不好，所以把订的牛奶取消了。

莉莉非常生气地说："取消了为什么不早点告诉我？因为你，我早餐都没喝牛奶。"莉莉的话让马修目瞪口呆。他怎么都不明白，为什么自己和妈妈给予莉莉的好意，被莉莉当成了一种理所应当的属于她自己的东西。

马修因为这件事看清了莉莉的人品，从此疏远了莉莉。而莉莉也由于这样的个性，再也没有交到过像马修那么真诚善良的好朋友。

马修和莉莉的故事说明，不要把别人的给予当成理所当然的事情，要对施与援手的人保持感恩的心。只习惯别人的给予，不知道自己付出，是没有办法交到真正的朋友的。

成长心语

　　习惯总是会让我们产生一种依赖的心理。当我们习惯其他人对我们的好、对我们的帮助，有一天失去的时候，你不要忘记应该始终感恩对方，不要埋怨他没有把那份帮助维持下去。我们更不要习惯其他人对我们的坏，一味地步步退让和忍耐，这样只会放纵他人气焰的增长，让对方不知道遏制。"习惯成自然"，是要我们把好的习惯当成有规律的行为去维持，而对待坏的习惯就要及时改正。

好习惯成就未来

学会独立思考

在儿童时期没有养成思想的习惯，将使他从此以后一生都没有思想的能力。

——卢梭

养成独立思考的习惯，对于我们的人生至关重要。

从前，有一群喜鹊在一座高山的大树上筑巢，并且养育了很多喜鹊宝宝。喜鹊宝宝的爸爸妈妈每天辛苦地抓虫子，养育喜鹊宝宝。而在喜鹊家旁边，还有一群八哥住在大树旁的山崖石洞里。这群八哥平时叽叽喳喳的，喜欢说话，没事儿就爱学着喜鹊们说话，胡乱起哄。

因为喜鹊的巢就筑在大树的树杈间，只要吹来的风大一点儿，树枝摇晃起来，喜鹊的巢便会跟着一起晃来晃去。

每当起风的时候，喜鹊总是一边护着喜鹊宝宝，一边担忧风是否会越来越大。如果风太大把鹊巢吹落在地上，那喜鹊就没有家了。

八哥住在石洞里，不怕风吹雨打，所以一点儿都不担心。

有一天，突然有一只老虎窜到了喜鹊巢所在的大树下。老虎很饿，听到树上喜鹊宝宝的动静，就凶狠地嘶吼起来。那叫声响彻天地，仿佛连大地和树木都跟着颤抖起来了。

老虎一声吼，喜鹊的巢跟随着树枝一起颤动起来。

喜鹊们十分害怕，但又没有办法赶走老虎，只好聚在一块儿，叽叽喳喳地大声喊叫起来："不好了，不好了，老虎来了！怎么办啊！我的喜鹊宝宝怎么办啊……"

山崖石洞里的八哥听到邻居凄厉的叫声，没有多思考，就跟着喜鹊胡乱喊起来，一边喊还一边添油加醋："不好了，不好了，老虎来了！怎么办啊……"

就在这时，有一只乌鸦从他们头顶飞过。听到下面的嘈杂声，它好奇地停在大树上，想弄明白到底发

好习惯成就未来

生了什么事情。

等乌鸦弄明白了事情后，它首先问喜鹊："老虎虽然是林中之王，但它又不会爬树，只能在地上称王称霸，而你是在天上飞的动物，你为什么要怕它呢？"

喜鹊回答说："老虎的叫声让空气震荡，形成了风，让树枝摇晃。我们担心我们的巢会掉落，喜鹊宝宝会被老虎伤害……"

乌鸦表示明白地点点头，随后，它又去问在石洞里乱叫的八哥："喜鹊担心建在树上的巢被吹落，喜鹊宝宝被老虎伤害。可是你们住在石洞里，不用担心巢穴掉落也不用担心宝宝受伤，跟老虎也没有任何利害关系，为什么要跟着别人乱叫呢？那不是让别人看你们的笑话吗？"

八哥们瞬间安静了下去。

这群八哥不懂得独立思考，只知道人云亦云，不管符合不符合自己的实际情况，也不管是非对错，就盲目地去附和别人，所以最后被人看笑话也只能怪自己了。

成长心语

哈佛大学校长劳伦斯·洛威博士曾经说过："只有一个方法能够真正地训练一个人，就是这个人要自动地去作用自己的脑子。"

培养独立思考的习惯，要从孩子们的成长阶段抓起。

好习惯成就未来

疏忽大意很危险

天下之事，患常生于忽微，而志戒于渐习。

——程颢

大多的事故常常是因为细小的疏忽而引起的，人们应该在平时就养成谨慎小心，注意细节的习惯。

在 1988 年 7 月 6 日的晚上，英国的北海发生了一场严重的海上石油事故。

英国在北海有一个名为派珀·阿尔法的石油钻井平台，在发生事故前，它一直是北海石油产量最高的石油钻井平台之一，连续十二年为英国带来了巨大的利润收益。

一天晚上，它发生了严重的连环大爆炸，并且让一百六十七人失去了宝贵的生命。

这场巨大的事故是什么原因导致的呢？

经过后来的事故调查，人们发现造成这场严重事故的原因仅仅是一个小小的疏忽。

　　派珀·阿尔法是一个巨型采油平台，它就像一座建造在海上的钢铁城市，有几百名工人在那儿日夜交替地工作。它离海平面足有两百米高，就像一座二三十层的高楼大厦，能够承受得住大海的惊涛巨浪。

　　派珀·阿尔法平台其实本身有着一套先进的机械设备，事先做了比较好的防火措施，所以是不存在意外漏油起火，并引发连环爆炸的因素。反而是操作流程上的疏忽导致了这场事故——工作人员启动了一个不应该被启动的、卸下了安全阀的问题泵，从而使液化的石油气体泄漏，引起了一次小型爆炸。

　　原本可以承受高温以及隔离大火的平台防火墙却抵抗不了小型爆炸的冲击力导致碎裂，碎片撞断了一条天然气的管道，于是，第二次爆炸发生了。大火蔓延，烧毁了输送的管道，导致原油泄漏——更大的爆炸和火灾发生了。这场事故再也没有人可以挽救。

　　我们把问题回到最开始——事故的起因是一个没有了安全阀的问题泵被启动了。为什么有问题的部件会被启动呢？经过后期严密的事故调查后，人们找到了真相：在事故发生的那个晚上，被拆卸了安全阀的问题泵已经由工作人员办理了出口管道安全阀工作票，但这张票被放到了柜子中。而后来值班的人员只找到了问题泵的维修票，并不知道安全阀被拆卸的事情，就那样启动了没有安全阀的泵。

一张没有及时被看到的工作票，导致了这场史无前例的严重事故。发生连环爆炸和火灾后，整个百万吨重的钻井平台沉入了大海，火灾持续了近四个星期。

这次事故造成巨大的经济损失，并对海洋产生了严重的污染，还有一百六十七人丧生，许多个家庭因此分崩离析。

这场巨大的事故，也牵连了英国的保险业。对遇难家属的赔偿额度高达十四亿美元，很多保险公司因此倒闭。直到今天，这次事故都不应该被忘记。

成长心语

疏忽大意是需要我们引起重视的不良习惯。因为这个习惯不仅会影响到我们自身的发展和安全，也会影响到其他人和社会的发展和安全。据统计，目前社会上发生的各类意外事故，百分之八十以上都是因为人的疏忽大意而引起的。保持谨慎，杜绝疏忽，重视事情的每一个细节，这样我们才能避免酿成不可挽回的灾祸，从而维护社会的安全与稳定。

好习惯成就未来

谨言慎行

行谨则能坚其志，言谨则能崇其德。

——胡宏

言行可以体现人的修养和品德，谨言慎行也是一种自我修养的体现。

《诗经》说过："白圭之玷，尚可磨也；斯言之玷，不可为也。"的确，白玉上面的斑点可以磨掉，但是人说错的话，可没有办法收回。

我们要对自己的言语保持谨慎的态度。一个方面是避免自己口出恶言，伤害他人；另一个方面也是希望有言必信，说到做到，不讲空话。

现在网络发达，有些人在社交媒体上经常随意发表各种没有事实根据的言论，杜撰名人离婚或者死亡的言论，故意抹黑历史人物或者英雄人物以引起网友的关注，并把一些违背事实的事件胡乱编造并发布出来。这不仅在社会上造成了不良的影响，而且自己也会因为编造、散布谣言受到法律的惩罚。

在英国伦敦的社交网站上，曾经发生过一件因为流言引起市民恐慌的事件。

起因是一则关于拍摄街头广告的微博，被人误读后变成了"牛津广场发生了枪击"，随后流言越传越离谱，最后变成持枪的匪徒在伦敦市区游荡，引起市民的恐慌，不敢出门。

直到警方查清了流言的来龙去脉，公布结果，才让这场恐慌平息。

我们自己平时的行为也要十分慎重。

行为的破坏力比言语的破坏力更强。当人的大脑失去理智的时候，会做出一些冲动的行为，当这些行为造成了不可挽回的后果时，懊悔也无济于事了。

前不久，有一家媒体报道了这样一则社会新闻：一位父亲因为三岁的女儿吵闹，一脚踢倒了女儿，结果女儿的头撞到了地板上，造成了手臂骨折和脑震荡，被送往医院急救。

好习惯成就未来

记者采访了这位鲁莽冲动的父亲，他掩面而泣，怪自己不够理智，让女儿受到了伤害。

中国历史上有许多贤能的人，他们都言行谨慎，能修身自省。

春秋时期的鲁国大夫季文子，是出了名的贤能之人，他做事情总是三思而后行，所以顺利地辅佐了鲁国的三代君主，保证了鲁国的长治久安。

唐朝时，长孙皇后的哥哥长孙无忌曾经帮助唐太宗顺利登上皇位，立下了汗马功劳。唐太宗本来想立长孙无忌为宰相，长孙无忌感到十分高兴，但是被长孙皇后阻止了。

长孙皇后对皇帝说，长孙家已经出了皇后，如果再封赏，那么这份荣耀就太过了。希望皇帝以汉朝吕后擅权让吕氏家族权势滔天、生出谋反心思的历史为鉴，不要让她的哥哥长孙无忌当宰相。

唐太宗当时并没有应允长孙皇后的请求，于是长孙皇后又去找了哥哥长孙无忌，跟他说明了所有的利害关系。

最终，长孙无忌被长孙皇后说服了，坚决不接受皇帝给予的宰相一职。唐太宗无奈，只好改了命令。长孙无忌也因此躲过了许多政治风波。长孙皇后的谨慎守礼也赢得唐太宗的尊敬和信任。

好习惯成就未来

成长·心语

　　谨言慎行是人的思想达到一定的境界后才有的一种修养，它能令你做事稳重踏实，不好高骛远，不夸夸其谈。它能令你收获别人的尊敬，因为你的言行谨慎也是对别人的尊重。

珍惜时间

完成工作的方法是爱惜每一分钟。

——达尔文

珍惜时间的人就是热爱生命的人。因为人最宝贵的财富就是时间。很多名人都十分珍惜时间,把每一分每一秒,都当成黄金一样看待。

王亚南是中国著名的经济学家,他年轻的时候,为了从睡眠中挤出更多的时间去学习知识,故意把自己床铺的一条床腿锯断。

这样,每晚他睡觉翻身的时候,床便会向一侧倾斜,这样他的身体就无法维持平衡,不得不爬起床,挑灯夜读。

中国著名的画家齐白石先生,也从不浪费时间。他口头禅是:"不教一日闲过。"于是,他给自己每

好习惯成就未来

天都安排了满满的工作任务：一天至少要画五幅画！哪怕年过九十，他依然坚持每天画画。

有一次他过生日，很多亲朋好友前来贺寿。

生日宴会办得十分热闹。等齐白石把所有的客人送走，其实也到了他平时的休息时间。但是齐白石老人想到自己今天日常的画画任务没有完成，便还是坚持去书房画画。齐白石老人画了两幅，实在是没有了精力，只好停下没完成的画去休息了。

第二天一大早，齐白石的家人发现，老人竟然早早地起床了。

家人劝老人多休息一会儿，齐白石摇摇头，说："昨天因为生日会耽误了作画，我今天当然要补上昨天的任务啊！"

正是因为对时间的重视和珍惜，齐白石老人才在艺术的道路上取得了巨大的成就。

曾经有记者采访西班牙的小提琴家萨拉萨蒂，问他是怎么成为小提琴家的。

萨拉萨蒂回答道："我三十七年来，每一天花在练琴上的时间足足十四个小时。是这些练习的时间成就了我。"

并不是天赋让萨拉蒂成为一名出色的小提琴家，是他花出去的那些宝贵的时间，每一分每一秒都用在了练习演奏上，所以时间回报了他。

NBA 传奇球星拉里·博德在篮球场上斩获过许多荣耀，曾带领他所在的球队三次夺得总冠军的奖杯，被称为是 NBA 历史上最伟大的球员之一。

他是如何做到这一切的呢？是因为他青少年时期，每一个早晨都练习三分球投篮五百次，并且一直坚持了下来。

就是那无数个不论刮风下雨的晨间五百次投篮练习，帮助拉里·博德练出了一手出色的三分球投篮绝技，让他屡创佳绩。时间是我们事业上最不会说谎的朋友，你投入了多少，就会得到多少回报。

成长·心语

　　珍惜时间，需要我们能够有效地利用好时间，把宝贵的时间花费在有意义的事情上。浪费时间的人是可耻的，因为随着时间的推移、年龄的增长，你的才能和智慧会被那些无所事事的时间消耗，没有任何事业上的建树，个人的能力也没有提升，你的存在价值也难以受到其他人的重视。等到你浑浑噩噩地走完一生，才懊恼地发现，自己最宝贵的年华竟然全部浪费了。

打败拖延症

除了我们自己不情愿，没有别的事情会阻扰我们适时而为。

——蒂莫西

拖延症是目前社会上人们身上普遍存在的一种现象。它指的是明明有计划目标，并且预料到未完成目标的恶劣影响，依然把事情推迟延后的行为。这种行为的出现，跟个人的自我管理和调控失败有关。根据一些调查数据发现，有百分之七十五的年轻人存在拖延症，百分之五十以上的年轻人拖延症状况比较严重。

先来测试一下你是否有拖延症吧。看看下面几个问题：

1. 你总是在时间截止期限快到了，才开始行动。

2. 你总是今天做前几天该完成的事。

3. 即使是必须完成的工作，你也一直推迟行动。

4. 你总是告诉自己，工作可以明天完成。

5. 你每次外出的时候，总是最后一刻才做好准备。

6. 即使是一些只要你精心去做的简单工作，你也不会立马去做。

这六个问题中，如果你有五个以上，那么要很遗憾地告诉你，你就是一个情况严重的拖延症患者。

拖延症会给我们的生活、学习与工作带来负面的影响。第一个是影响你既定目标的完成，某些时候甚至会造成比较恶劣的影响。第二个是拖延症的产生说明你缺乏自我调节和自我控制的能力，这会让他人降低对你的信任。失去他人的信任，你以后也难以找到可以共同奋斗或者合作的伙伴。第三个是降低你的自我评价。拖延症会让你陷入一种焦虑和自责的自我贬低的情绪中。所以，当你察觉自己身上有拖延症，应该给予重视，并且针对拖延症去做一些改变。

要改正拖延症，需要先了解拖延症是怎么产生的。我们在完成一项工作的时候，当这项工作遇到了较大的难题，或者让你觉得以目前的实力和精力无法很好地完成，你感到为难和紧张的时候，你的大脑会自发地为你去找一些分散注意力的消遣。引用一位演讲家的说法就是，拖延症患者的大脑里，住着一只及时行乐的猴子。

每个人的大脑里都有一个理性的掌舵者，会告诉你什么时候该做什么事情，不该做什么事情。但是拖延症患者大脑里还多了一只喜欢及时行乐的猴子。每当你遇到一项比较难完成的工作时，猴子就会跳出来，分散你的注意力。

比如，你必须在一个星期内完成一篇两万字的论文。你的理性掌舵者告诉你，你得快点行动了。但是那只猴子就会跳出来，说："没关系，我们先去刷个微博，看看朋友圈，还可以约朋友喝个下午茶。"

没错，就是这样。拖延症患者每次在工作的时候，他大脑里的"及时行乐的猴子"就会跳出来，分散他的注意力，降低他的工作效率。等到他发现截止期限到了，工作还没完成，才不得不慌慌张张、急急忙忙地去完成。但这种仓促情况下完成的工作，往往距离理想的结果很远。

我们如何克服拖延症呢？

有几个简单的小办法，可以帮忙改善这个状况。

首先，是让你的学习和工作环境远离及时行乐的诱因。很多作家在创作重要作品的时候，会带着电脑和资料去度假小屋，远离人群和网络，专心写作。这也是为了避免外在因素的打扰。另外，有一些程序软件公司也推出了专门针对拖延症患者的工作软件，比如写作用的"小黑屋"软件，每次开始写作前要设定一个目标，如果目标字数没有达成，电脑屏幕就会被锁定，没办法进行其他的活动。

其次，把难的工作变成简单的工作，把大目标划分成可以尽快完成的小目标，这样就避免你一看到工作或学习目标就产生畏难情绪，想要逃避。这种划分小目标，让工作化繁为简的办法也有助于我们形成有规律的工作习惯，并且通过一个个短期小目标的达成帮助我们树立自信心。

再次，我们可以为自己寻找严谨自律的监督者。当你觉得自己没办法调控好自己的时候，就需要借助外力，让自己的朋友或者家人，或者是老师，成为你的监督者，督促你按时地完成工作任务。

　　拖延症的确会给我们带来很多问题，但它也并不是那么可怕，我们要有能克服拖延症的信心。

好习惯成就未来

成长·心语

　　摘下"拖延症患者"的帽子，你需要谨记三个词语：现在，立刻，马上。你需要有强大的行动力和执行力，不能让行动慢于思想太多节拍。当你需要完成一项学习和工作上的任务，而大脑里那只及时行乐的猴子跳出来分散你注意力的时候，你应该第一时间把猴子抓住，关到你用理性铸造的监狱里。我们要让理性的思维当我们行动的主人，而不是一只爱捣蛋、好玩乐的猴子。

勤奋出天才

形成天才的决定因素应该是勤奋。

——郭沫若

梅兰芳是一代戏剧表演艺术大家，他让中国的传统文化——京剧走向世界，创立了"梅派"表演艺术，对中国传统戏曲文化的革新和发展影响深远，在人们心中也享有极高的声望。

梅兰芳出生于戏曲世家，从小就受到戏曲文化的熏陶，对戏剧表演十分感兴趣。从八岁起，他就正式开始学习戏曲表演了，学的是京剧中的旦角——也就是扮演女性角色，唱念做打都要表现出女性的柔美，练假嗓子。

梅兰芳没有扮演旦角的天分和优势，经常挨老师的骂。有一次，老师甚至直接批评梅兰芳没有任何戏曲表演天分，老天爷没有赏他"旦角"这碗饭吃，不再教他。

梅兰芳的斗志被激发了，他决心要靠自己的勤奋努力学出样子来，哪怕别人不认可，但自己也决不能放弃。

下定决心后，梅兰芳就开始对旦角的唱段用心琢磨，反复练习。一段唱词，别人四五遍就掌握了，但梅兰芳要练习二三十遍。

为了能练出更有吸引力的眼神，他每天天不亮就起床，把自己养的鸽子从笼子里放出来，然后根据鸽子在天空的飞行轨迹训练自己的眼神。

鸽子往左边飞，他的眼睛就往左边看，鸽子往右边飞，他的眼睛就往右边看。这样的练习可以让他的眼球转动灵活，表演的时候眼神可以更加灵动。

就这样，梅兰芳勤奋练习了数年，下足了功夫。他不仅练出了一副圆润动听的好嗓子，还练出了十分灵动的眼神。这让他登台表演时，形、神、声并茂，艺术感染力极强。

很多戏迷为了一睹梅兰芳的表演风采，排队抢票。

梅兰芳每到一个地方演出都会轰动全城，一票难求。

梅兰芳成名后，一次偶然的机会，遇到了少年时批评他没有任何天分的老师。老师不好意思地跟他说，那时候他不识璞玉，错过了良材。

梅兰芳却笑着向老师道谢，说如果没有老师的那一顿批评，他还不知道如何勤奋努力、上进拼搏呢。

成长·心语

　　梅兰芳是中国传统戏曲京剧表演艺术大师，他为中国传统文化的传播做出了十分伟大的贡献。

　　在被人否认才华和能力后，他勤奋练习本领，最终用事实证明了自己的才华和能力。

　　璞玉如果不雕琢，就难以成器。人若不勤奋，就难以获得成功。

自律的精神

立志言为本，修身行乃先。

——吴叔达

自律是人身上难能可贵的一种品质。自律的人要会自我约束和自我管理，并且有修身自省的觉悟。有一位国外的学者分析了自律这个特质，认为自律还能细分为五点：认同事实、有意志力、不怕困难、勤奋以及坚持不懈。认同事实是指自律的人需要有客观理性的判断力，对自身的优缺点有清醒的认识，不回避自己的短处或过错。有意志力和坚持不懈、勤奋是维持自律需要的基本素养，而困难是自律的人一直需要面对的挑战，因为自律要战胜的最大敌人就是自己。

自律的人是需要有一种极高的认清现实的能力和自我管理的能力的。比如人们经常说的体重管理——

好习惯成就未来

只有自律的人，才能约束好自己，管住自己的嘴巴，不暴饮暴食，不吃太多高热量食物，把自己的身材管理好。

自律的人需要有毅力，能不受任何外在因素的影响去完成自己的既定目标。很多时候，许多口口声声说着要减肥、要通过某某考试的人，最后总是难以坚持下去。这就是因为他们缺乏自律的精神，自觉性不够，对自己的约束能力不强，也不懂得坚持。

中国明代就有一位非常自律的大学士，他叫徐溥。徐溥少年读书时，不仅天资出众，性格也十分沉稳老成，从来都是一副不苟言笑的样子。徐溥还经常学习古人，对自己的言行进行检点和反省。他准备了两个瓶子，分别用来装黄豆和黑豆。

每当徐溥察觉自己心中产生一个善念，或者说了一句善言，或者行了一件善事，他便会往一个瓶子里丢一颗黄豆。反之，如果他发现自己心中有了一个恶念，不慎对人说了一句恶语，或者做了一件恶事，他就往另外一个瓶子里装一颗黑豆。

最开始做"储豆律己"时，徐溥的瓶子里黑豆多，黄豆少。看到这个结果，他决定改变自己。每装进一颗黑豆，他就立马反省并检讨自己，对犯下的言行过失进行弥补，对自己的要求也更严格。这样坚持下去后，他装黄豆的瓶子中黄豆越来越多，装黑豆的瓶子里再也没有增加过。

后来，徐溥成了明朝的一位名臣，但他储藏黄豆黑豆用以自律反省的习惯还一直保持着。

成长·心语

　　自律是一种自我管理、自我提升的方式。只有养成自律的习惯，才能塑造出非凡的自我。

做人做事要脚踏实地

古往今来，能成就事业，对人类有作为的，无一不是脚踏实地攀登的结果。

——钱三强

"下雨天的时候，我常这样祈愿：但愿世间的泪，不会下得像天上的雨那样滂沱。但愿天上的雨，不会落得如人间的泪如此污浊。但愿人人都能有阳光的伞来抵挡生命的风雨。但愿人人都能因雨水的清洗而成为明净的人。"

"在岁月，我们走过了许多春夏秋冬；在人生，我们走过了许多冷暖炎凉，我总相信，在更深更广处，我们一定要维持着美好的心、欣赏的心，就像是春天想到百合、秋天想到芒花，永远保持着预约的希望。"

上面这两段美文，出自著名的作家、散文家林清玄的作品。他是凭借散文获得最多文学奖项的当代作家之一，一部作品能畅销几百万册。但在他成名前，他过着十分艰辛的生活。现在获得的成功，都是他一步一个脚印，脚踏实地地拼搏奋斗出来的。

林清玄小时候，家里非常贫困，从没有读过好的学校，教英文的老师连英语发音都不准，把"今天"的英文读成"土堆"，"昨天"的英文读成"也是土堆"，而"明天的"英文读法就是"土马路"。林清玄就是在这样简陋的教育条件下进行学习的，他记住了老师教的那些发音不准的英文单词，还明白了一个道理："今天是土堆，昨天也是土堆，但没关系，只要明天成为一条土马路就行。"

上完学后，林清玄就离家出去打工了。他当过餐厅的服务员，做过码头的搬运工人，还摆过地摊，当过杀猪匠——杀完猪，他就洗洗手，回家继续写作。这个时候的林清玄还不到十八岁，一边品尝着生活的艰难，一边坚持写作，他在十七岁的时候就陆续发表作品了。

林清玄知道，如果要改变人生，实现自己当作家的梦想，他就要脚踏实地，去坚持，去学习，去不断完善自己。他从小学起就给自己定下了一个规矩，每天完成五百字，不管天气，不管心情，一定要写完。到了中学，给自己安排的是每天一千字，到了大学，一千字变成了两千字，而大学毕业后，他坚持每天三千字的创作，一直持续到今天，林清玄每天都坚持写完三千字的文章。

　　因为这种脚踏实地的积累和锻炼，他的写作能力得到了提高。他后来找到了一个报社编辑的工作，在那里踏踏实实地工作到第六年，就升职当了总编辑，同时还成为当红的专栏作家、主持人。他的名气越来越大，作品的销量也越来越高，在文坛产生了非常大的影响，成为当代著名的作家之一。

好习惯成就未来

成长·心语

　　一栋房子建得稳不稳，在于地基扎不扎实。一位优秀的戏剧表演者，台上贡献的每一分钟的精彩演出，都得益于他台下苦练十年的功夫。三百六十行里的状元，每一个在成为状元前也无一不是先练好基本功。你想做一飞冲天的鸟儿，就要耐得住前面数年、数十年的蛰伏。凡事踏踏实实起步，才会越走越稳，越做越好。

别轻易放弃

滴水穿石，不是因其力量，而是因其坚韧不拔锲而不舍。

——拉蒂默

奥利弗把小提琴摔到地上，小脸上腮帮子鼓鼓的，看起来是马上就要发脾气的样子。

妈妈听到声响，来到书房，看到了这番情景，就知道是怎么回事了："奥利弗，你说这是第几次了？"

奥利弗语气烦躁地说："妈妈，我真的不想再学习小提琴了，好难啊，琴弦总是按错，怎么都拉不好。"

妈妈压制着怒气，好好地和他说："琴弦按错，就多练习几次，熟练了就会了，没有人天生就会拉小提琴，你需要坚持练习。现在，把琴捡起来，继续练。"

好习惯成就未来

奥利弗小脾气上来了，一屁股坐到地上，双腿还不停地踢着琴。

妈妈不理他的孩子气，继续和他说："奥利弗，之前你想学钢琴，妈妈就送你去学钢琴，你学了没两三天就不想学了。后来你又想学架子鼓，我又送你去学了架子鼓，结果呢，你说架子鼓打得手很累，也不想学了，妈妈又答应你了。这次，决定学小提琴的时候，你答应过妈妈什么？你再告诉妈妈一遍。"

奥利弗委屈巴巴地说："我答应了妈妈这次一定会把小提琴学成，不会再换了。"说完他就静静地低头坐在地上，不敢再看妈妈。

"所以呢，你还要不要练琴？"妈妈双手环胸看着小奥利弗。

"可是，可是，妈妈，小提琴真的好难，我……我……我真的学不下去了。"奥利弗终于没忍住，一下哭了起来。

妈妈蹲下去帮他擦眼泪说："好孩子，钢琴难，架子鼓难，小提琴也难，没有什么乐器是不难学的。没有人可以随随便便不认真练琴就拉出优美的曲子。

不会可以练习，但是如果你因为这一点点的小困难，就放弃小提琴，那以后你长大面临更多困难的时候，难道都要选择逃避吗？"

奥利弗在妈妈的安抚下终于停止了哭泣。

妈妈继续引导他："你还记得当初学小提琴的时候，你和妈妈说你是喜欢小提琴才想学的吗？你说你想像埃奈斯库一样，成为很厉害的小提琴家。你知道他也曾和你现在一样，每天练琴，甚至练到磨破手指吗？如果你还想成为小提琴家，现在就把琴捡起来，让妈妈看到你是一个能克服困难的好孩子。"

奥利弗终于意识到了自己的错误，抬头看着妈妈，说："妈妈，我错了，我不应该这么任性的，我以后不会再随随便便就不练了，我能坚持！"说完就自己把琴捡起来，整理琴弓，准备继续练琴。

妈妈看着他的小小身影，欣慰地笑了："我就知道，奥利弗是最棒的孩子。"

成长·心语

　　学习的确不是一件容易的事，能坚持下来的人就能学有所成，不能坚持、半途而废的人就一无所获。所以有的人能成功，有的人不能。如果你想成功，那么就别轻易放弃。